Swingtrading mit dem 4-Stunden-Chart

Teil 2: Trade the Fake!

Heikin Ashi Trader

Inhaltsverzeichnis

1. Ein Täuschungsmanöver vom Feinsten!

Finanzmärkte sind im Computerzeitalter effizient geworden. Sie sind sogar so effizient, dass sie sich allerlei Täuschungsmanöver leisten können, die Privatanleger permanent auf die Probe stellen. Die Technische Analyse funktioniere nicht mehr, behaupten manche. Algorithmen und Black Boxes hätten das Spiel dermaßen durcheinandergewirbelt, dass sich vernünftige Setups nicht mehr ausfindig machen lassen, geschweige, dass man sie traden könnte.

Die Klage ist nicht neu, und die Frage, ob sich die Märkte vor dem Computerzeitalter einfacher traden ließen, können nur diejenigen beantworten, die schon damals dabei waren und heute immer noch traden. Und das sind nicht sehr viele. Die Frage sollte von daher eher lauten: kann ich die Märkte so betrachten, dass ich die Täuschungsmanöver, das Stop-Fishing und die Spielchen des Big Moneys und der Algorithmen zu meinem Vorteil nutzen kann?

Die Antwort ist ein klares Ja! Mit etwas Übung können Sie diese Tricks auf einem Chart finden und die dahinter liegenden Absichten erkennen. Sie können daraus sogar **eine äußerst profitable Trading-Strategie** entwickeln, die sich ausschließlich auf dem Aufspüren der sogenannten „Fakeouts" basiert. Eine solche Strategie würde den Gegebenheiten heutiger Märkte entsprechen, anstatt mit veralteten Methoden zu versuchen, „den Markt zu schlagen".

Ähnlich der Schwarmintelligenz haben auch sämtliche Akteure an den Finanzmärkten dazu gelernt. Aber, obwohl die Komplexität fraglos zugenommen hat, sind dennoch immer wieder die gleichen Muster zu beobachten. Diese bauen zwar auf die üblichen Regeln der Technischen Analyse auf, führen sie aber zum Teil zum Absurdum, um nicht zu sagen, sie treiben ein Spielchen mit ihr und ihren Erwartungshaltungen.

Die Täuschung ist gleichsam die Regel geworden, was viele Trader, die sich eifrig in die Technische Analyse eingearbeitet haben, in die Irre treibt. Etwas überspitzt könnte man für die heutigen Märkte sagen: **Erst kommt die Täuschung und dann die eigentliche Bewegung.** Wer dies erkennt, kann auch als kleiner Fisch mit den Haien schwimmen gehen. Dann macht Trading auch wieder richtig Freude, was es meiner Meinung nach auch tun sollte, egal was manche Ihnen über die notwendige Langeweile als gutes Trading sagen mögen.

Wer die Beobachtung der Täuschung oder den Fakeout zum obersten Prinzip seiner Trading-Philosophie macht, beobachtet zugleich die Intentionen der großen Player. Diese sind es, die schließlich den Taktstock im Orchester führen. Ihnen zu folgen war noch nie falsch.

Man könnte auch sagen „an ihren Fakes werdet ihr sie erkennen!" Es ist gerade die Handschrift größerer Adressen, die in der Lage sind starke, über mehrere Tage aufgebaute Unterstützungen oder Widerstände zu durchbrechen und alle dort wartenden Stop-Order abzufischen, um dann den Markt fröhlich wieder hochzuziehen. Das können weniger kapitalisierte Individuen nicht. Ein Bild sagt da mehr als tausend Worte:

Bild 1: Crude Oil Future, 4-Stunden-Chart

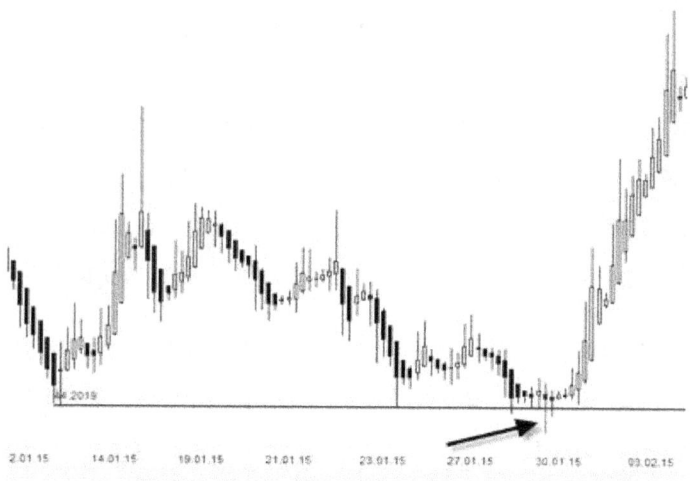

Dieses Beispiel Im Crude Oil-Future illustriert das oben Gesagte sehr gut. Wir sehen, dass der Crude Oil Future am 13. Januar 2015 eine Unterstützung bei US$ 44,20 gefunden hatte (horizontale Linie im Chart). Diese Unterstützung hielt in etwa 2 Wochen und wurde mehrfach getestet (insgesamt 8 Mal).

Am 29. Januar durchbrach der Markt diese Unterstützung (Pfeil) und der Öl-Future sank vorübergehend bis US$ 43,57. Dieser Ausbruch nach unten hätte nach der klassischen Technischen Analyse ein Short-Signal ausgelöst, und ich bin überzeugt, dass viele Trader dieses Signal auch tatsächlich gehandelt haben.

Entweder bekamen sie ein akustisches Signal von ihren Plattformen, dass „der Markt" unter US$ 44,20 gefallen war. Oder sie hatten gar einen Sell-Stop-Order unterhalb von US$ 44,20 im Markt platziert. Eine solche Entscheidung ist nach der klassischen Lehre auch nicht unlogisch. Immerhin hatte der Future diese wichtige Unterstützung in den Wochen davor acht Mal getestet.

Anders gesagt: alle Marktakteure beobachteten dieses Unterstützungs-Level und hatten es vermutlich wie ich mit einer horizontalen Linie auf ihren Charts gezeichnet. Die klassische Frage lautete also: wird die Unterstützung halten, oder wird der Ölpreis weiter sinken?

Aber genau diese klassische Frage treibt den ungeübten Technischen Analysten in die Irre. Das Smart Money weiß natürlich genau, dass sich die kleinen Spieler diese Frage stellen. Als dann der Ausbruch am 29. Januar geschah, schien die Entscheidung gefallen: Short! Nun sehen wir auf dem Chart, dass diese Entscheidung falsch war. Der Future verweilte nur wenige Stunden unter dem US$ 44,20-Level und kehrte bald zurück. Der Schlusskurs der Ausbruchskerze lag über US$ 44,20. Das vermeintliche Short-Signal war also keins, denn dann hätte zumindest ein Schlusskurs auf 4-Stunden-Basis unterhalb der Unterstützung stattfinden müssen.

Es war „den Bären" (die Verkäufer oder Short-Seller) zwar vorübergehend gelungen, den Preis unter die Unterstützung zu drücken, „die Bullen" (die Käufer) hätten aber sofort zugeschlagen und hätten die Gunst der Stunde genutzt, um noch mal zu niedrigen Preisen in den Markt zu kommen.

Da es offenbar mehr Käufer als Verkäufer gab, schnellte der Preis wieder nach oben.

Dies wird im Heikin Ashi Chart durch den langen Schatten unter der Kerze visualisiert. Kenner der Candlestick-Wiedergabe identifizieren dieses Muster als ein „Hammer", was in der Regel ein bullishes Muster interpretiert wird.

In der angelsächsischen Welt werden Sie eher den Begriff „Pin Bar" vorfinden. Dies ist eine Abkürzung von „Pinnochios Bar". Mit anderen Worten: der lange schmale Schatten unter der Kerze symbolisiert Pinnochios Nase, was bedeutet, dass hier eine Lüge erzählt wird.

Der Ausbruch nach unten stellte sich also als Fehlausbruch oder Täuschungsmanöver da. Ich werde im Laufe dieses Buches der Einfachheit halber weiterhin von „Fake" reden, dem Begriff, den viele angelsächsische Trader für dieses Phänomen benutzen.

Nur große, schwer-kapitalisierte Adressen vermögen in der Regel solche starke Unterstützungen zu durchbrechen. Denn eines ist klar: da alle Marktakteure seit Wochen das Unterstützungs-Level beobachten, stehen eine Menge Schnäppchenjäger bereit, den Markt zu kaufen, sobald sich die Kurse dem Unterstützungslevel annähern.

Und es ist heutzutage fast eine Regel, dass die großen Player mit den Kleinen gern ein Spielchen spielen, indem sie alle vortäuschen, dass ab jetzt (nach dem Ausbruch nach unten) eine neue Phase eingetreten ist, nämlich dass der Markt weiter fallen wird. Die Schnäppchenjäger, die ihre Long-Positionen natürlich mit einer Stop-Loss-Order etwas unter der Unterstützung abgesichert haben, werden durch den plötzlichen Fall der Kurse ausgestoppt.

Außerdem werden die Stop-Sell-Orders der Leerverkäufer (das sind die Order derjenigen, die auf fallende Kurse setzen) ausgeführt und treiben die Kurse weiter nach unten.

Darauf haben die Großen nur gewartet! Denn der Clou an der Geschichte ist, dass in vielen Fällen die sogenannten „Verkäufer" und die sogenannten „Käufer" oft ein und dieselben

Akteure sind. Diese haben, bevor sie den Markt nach unten gedrückt haben, längst vorher große Kauforder unterhalb diese Stop-Loss-Levels platziert. Diese Kauforder fangen den Markt wieder auf, und die Kurse beginnen wieder zu steigen.

Die Leerverkäufer merken plötzlich, dass sie auf das falsche Pferd gesetzt haben und müssen ihre Short-Positionen wieder eindecken, indem sie ihre Kontrakte zurückkaufen. Dies lässt die Kurse weiter nach oben schnellen und bald befindet sich der Markt wieder da, wo er seit Wochen war, nämlich oberhalb von US$ 44,20.

Nach diesem Schreck traut sich natürlich niemand mehr, Short zu gehen. Das Ergebnis kann man auf der rechten Seite des Charts eindeutig sehen. Wenige Stunden nach dem Fehlausbruch fangen die Kurse an zu steigen und zwar so, als gäbe es kein Morgen. Ganze 10 Dollar stieg der Ölpreis innerhalb von wenigen Tagen. Das Schöne an den Heikin Ashi-Kerzen ist, dass sie diesen Aufwärtstrend fehlerfrei identifizieren können.

Die Großen Player haben ihren Spass gehabt und konnten riesige Gewinne realisieren, nachdem sie fast zu einem 0-Risiko unterhalb der Unterstützung eingestiegen waren. Die Täuschung war perfekt. Die kleinen (die Schnäppchenjäger und die Leerverkäufer) wurden durch den Fake mit Verlust aus dem Markt katapultiert und trauen sich jetzt nicht mehr, nochmal eine Position einzunehmen. Das Smart Money hat es mal wieder geschafft jeden an der Nase herumzuführen.

Diesem Phänomen werden Sie in den heutigen Märkten wieder und wieder begegnen. Man könnte gleichsam von einem Grundmuster reden, und wer dieses begreift, kann daraus eine sehr profitable Strategie entwickeln, die ausschließlich auf der Beobachtung solcher Täuschungsmanöver oder Fakes beruht. Neben meiner Scalping-Tätigkeit ist dieses Muster mittlerweile mein tägliches Brot geworden.

2. Wie kann man Fakes identifizieren?

Täuschungen oder Fakes treten überall an allen möglichen Stellen im Markt auf, und sie sind nicht immer leicht erkennbar. Ich möchte hier einige Tipps geben, wo Sie Fakes am besten erkennen und finden. Sie werden diese in der Regel weniger in Trendmärkten vorfinden, insbesondere, wenn diese unter hohem Volumen stattfinden.

Diese Art von Markt ist nur schwer zu manipulieren, denn die Marktteilnehmer sind sich einig, in welche Richtung sie den Markt kaufen oder verkaufen wollen. Außerdem ziehen Trendmärkte die Aufmerksamkeit von zehntausenden Tradern auf sich, die natürlich von dem starken Trend profitieren wollen.

Wenn Sie Charts von Märkten studieren, die sich in einem klaren Trend befinden, sehen Sie meistens einen regelmäßigen Kursverlauf. Das drückt sich bereits in der Candlestick-Darstellung aus aber noch besser in der Heikin Ashi-Chartform.

Steigt ein Markt stark an, sehen Sie in dem Heikin Ashi-Chart oft nur weiße Kerzen. Entsprechend zeichnet der Heikin Ashi-Chart nur schwarze Kerzen, wenn sich der Markt in einer deutlich fallenden Tendenz befindet. Solche Märkte haben in der Regel eine treue Gefolgschaft, sind leichter zu traden und nur schwer zu manipulieren.

Ist der Trend vorbei oder hat er sein Ziel erreicht, gerät er meist in ein ruhigeres Fahrwasser, und die Volatilität nimmt ab. In der Regel wird er dann eher seitwärts verlaufen oder sich in einem **„Range"** bewegen, wie Trader es nennen.

Eine Range ist nichts anders als eine Zone, innerhalb dessen sich die Kurse für eine gewisse Zeit bewegen, ohne ein bestimmtes Ziel zu haben. Der Grund für das Entstehen einer Range kann vielfältig sein. Nach einem starken Trend ist es nur naturgemäß, dass der Markt etwas „zur Ruhe" kommt. Die neuen Nachrichten und Fundamentaldaten sind nun in den Kursen eingepreist, und die Marktakteure scheinen sich auf das aktuelle

Preisniveau über den zu zahlenden Preis mehr oder wenig einig.

Ein anderer Grund kann schlicht die Abwesenheit von relevanten Nachrichten sein. Insbesondere in den Währungsmärkten, die ja stark nachrichtengetriebene Märkte sind, sorgt das Fehlen von wichtigen ökonomischen Daten, wie Arbeitsmarktberichte oder Zinsentscheide oft dazu, dass das Währungspaar lediglich ohne großen Ausschläge seitwärtsgeht.

Natürlich geschieht dies ebenfalls gerade dann, wenn die Marktakteure die Veröffentlichung wichtiger Daten erst erwarten. Viele Trader nehmen vor der Veröffentlichung keine Position ein. Man sieht dann wie die Kurse ohne klare Richtung lustlos vor sich hintreiben. Das ist ein Markt für Daytrader und Scalper.

Oft springen die Kurse wie Pingpongbälle auf und ab ohne die Range nennenswert zu verlassen. Viele Trader, die auf Trends setzen, haben kein Interesse an diesen Ranges und schauen sich lieber in anderen Märkten um, wo es vielleicht bessere Trading-Chancen gibt.

Es ist von daher auch nicht unwichtig, ob ein Trader sich darüber im Klaren ist, was in diesem oder jenem Markt im Augenblick auf dem Spiel steht. Ist der Markt nach einem starken Trend zur Ruhe gekommen und sammelt jetzt Kraft für eine weitere Bewegung? Erwarten die Teilnehmer wichtige News, die ihnen Aufschluss über die künftige Richtung dieses Marktes geben wird? Oder ist in diesem Markt gerade einfach nichts los?

Da nur wenig Trader Interesse an einem trendlosen Markt haben, ist das Volumen naturgemäß niedriger. Das ist aber genau der Typ Markt, in dem die Fakes vorzugsweise auftreten. Wenn nur wenige Akteure involviert sind, ist es für einen mittelgroßen Player natürlich leichter, die Kurse für eine kurze Zeit in die eine oder andere Richtung zu bewegen.

Gerade, wenn sich die Kurse an der Unterseite der Range (Unterstützung) oder an der Oberseite (Widerstand) befinden, ist es für einen gut kapitalisierten Trader reizvoll einen Fehlausbruch zu inszenieren. Er weiß, dass es immer genügend Trader gibt, die bereitstehen, auf das Manöver zu reagieren. Diese unterstützen somit bewusst oder unbewusst dem wissenden Pokerspieler in seinen Absichten, indem sie zum Beispiel den scheinbaren Ausbruch mithandeln oder ihn wieder verkaufen, sobald er sich als Fake herausstellt.

Am ärmsten sind in diesem Fall diejenigen Trader dran, die den Ausbruch selbst traden. Kaum sind sie im Markt, dreht unser allwissender Trader seine Position, und ihre Position steht im Verlust. Irgendwann erkennen sie, dass sie auf das falsche Pferd gesetzt haben, und müssen ihre Trades mit Verlust schliessen, was natürlich zusätzlichen Druck auf die Preise ausübt. Deswegen sieht man auf Charts nach einem Fehlausbruch nach oben manchmal spektakuläre Abverkäufe.

Es ist von daher eher vorzuziehen, den Ausbruch abzuwarten, und, wenn er sich als Fehlausbruch herausstellt, in die Gegenrichtung zu handeln. Etwas überspitzt könnte man sagen: Amateure traden den Ausbruch, Profis traden den Fake. Allerdings ist natürlich immer Vorsicht geboten. Nicht jeder Ausbruch ist ein Fake und manche stellen sich tatsächlich als der Startschuss einer neuen Trendbewegung heraus. In diesem Fall sollten Sie Ihre Position schleunigst schließen.

Da Fakes vorzugsweise an Preislevels auftauchen, die wir in der Technischen Analyse Unterstützung und Widerstand nennen, erwarten wir dort oft vorhersagbare Kursbewegungen. Eine Unterstützung bedeutet nichts anderes, als dass der Kaufdruck an einem bestimmten Preislevel gerade etwas höher ist als der Verkaufsdruck. Es heißt also nicht, dass es dort keine Verkäufer gibt. Dies sollte man nicht vergessen, auch wenn der Chart suggeriert, dass „der Kurs" hier dreht, heißt dies noch lange nicht, dass sich alle Verkäufer urplötzlich aus dem Staub gemacht haben.

Dennoch bin ich der Meinung, dass das Konzept von Unterstützung und Widerstand nach wie vor ausgezeichnete Trading-Chancen bietet, und zwar allein schon aus Gründen des Chance-Risiko-verhältnisses. Viele erfolgreiche Trader machen genau das: sie kaufen die Unterstützung und sie verkaufen den Widerstand.

Wem dies zu einfach ist, oder wer der Meinung ist, dass es in den heutigen Märkten gerade zu viele Fakes auftauchen, sollte sich mit der Idee des Fake-Tradings beschäftigen. Man könnte ein Fake-Trader auch als einen Trader bezeichnen, der das Geschehen an der Unterstützung und am Widerstand genau beobachtet. Identifiziert er einen Fehlausbruch, ergibt sich für ihn umgehend eine Trading-Chance, egal wie weit oder wie nah das Kursziel letztendlich sein mag.

Es spricht für sich, dass sich auch viele Scalper diesen Umstand zunutze machen und gezielt den Fake traden. Wenn deren Kursziele naturgemäß kürzer sind als die des Swingtraders, so haben sie dennoch die gleiche Intention und helfen mit, die Kurse wieder in die Richtung des übergeordneten Trends zu bewegen.

Den Fake-Trader nenne ich gern auch den gewieften Trader, der genau das Gegenteil eines üblichen Ausbruchstraders tut. Dieser setzt einfach nur einen Stop-Buy über dem Widerstand und einen Stop-Sell unter der Unterstützung in der Hoffnung, dass der Ausbruch gelingt. Diese Herangehensweise mag gelegentlich funktionieren. Wahrscheinlicher ist aber, dass dieser Trader sehr oft das Opfer von inszenierten Fakes werden wird.

Ein Fake-Trader wartet ab und beobachtet, wie sich das Geschehen am Widerstand und an der Unterstützung genau entwickelt. Geschieht ein Ausbruch, beobachtet er zunächst auch diesen. Ist er echt, dann lässt er ihn laufen. Er nimmt keine Position und schon gar nicht springt er auf den Zug drauf. Dieses Vorgehen überlässt er den Anfängern im Wissen, dass dies meistens zum Scheitern verurteilt ist.

Stellt sich der Ausbruch aber als Fake heraus, dann erst ergibt sich für diesen Typ Trader eine wirkliche Chance. Man kann einen Fake-Trader von daher durchaus mit einem Scharfschützen vergleichen, der unter Umständen Stunden warten kann, bis sich die beste Chance für einen erfolgreichen Schuss ergibt. Ein Fake-Trader ist von daher naturgemäß ein geduldiger Trader.

Damit sei nicht gemeint, dass Ausbruchs-Trading nicht oder nicht mehr funktioniert. Breakout-Trading funktioniert sehr wohl und ist eine legitime Trading-Strategie. Der Ausbruchstrader sollte aber ein Meister darin sein, Fehlausbruche zu erkennen und nach Kräften vermeiden zu traden.

Gerade wenn die erwartete Nachricht veröffentlicht wird, gelingt der Ausbruch aus der Range oft und kann einen Markt tagelang in einen fast nicht enden wollenden Trend hinein verwandeln. Auch dies sollte der Trader, der auf Fehlausbrüche setzt, natürlich wissen. In beiden Fällen sollte unbedingt mit einer schützenden Stop-Order gearbeitet werden, die das Trading-Kapital vor größeren Verlusten bewahrt.

Das Problem ist eben, dass Fakes heute die Regel und echte Ausbrüche eher die Ausnahme bilden. Der gelungene Ausbruch muss also einen sehr hohen Gewinn erbringen, um die vielen kleinen Verluste zu kompensieren, die die Fehlausbrüche mit sich mitbringen. Ausbruchs-Trading kann demnach sehr frustrierend sein, wenn man eine hohe Trefferquote erwartet.

Außerdem ist nicht jeder Fehlausbruch gleich zu werten. Ein Fake entgegen den übergeordneten Trend, ist eine viel interessantere Chance als ein Fake in der Richtung des Trends. Der Grund ist einfach. Ist der übergeordnete Trend steigend, dann kann ein Fehlausbruch aus der Range nach unten eine ausgezeichnete Gelegenheit für eine Long-Position sein. Das Beispiel im Crude Oil (Bild 1) illustriert diesen Umstand sehr gut.

Manche Trader sind der Meinung (und ich teile diese Meinung!), dass Fehlausbrüche entgegen den übergeordneten Trend zu den besten Trading-Chancen gehören, die Sie in den heutigen Märkten finden können. Allein schon aus Gründen des Chance-Risiko-Verhältnis. Es lohnt sich also durchaus, sich auch als Swingtrader mit diesem Setup zu beschäftigen. Ich werde diesbezüglich in diesem Buch noch mehrere Beispiele zeigen.

Fehlausbrüche in der Richtung des übergeordneten Trends sind fast immer kurzfristige Trades. Das beste Kursziel, das ein Trader in dem Fall erwarten darf, ist das andere Ende der Range. Wurde also der Widerstand kurzfristig überwunden, und Sie gehen von einem Fake aus und sind Short, dann ist Ihr Kursziel die Unterstützung der Range.

In dem Fall sollte sich der Trader allerdings immer darüber im Klaren sein, dass dieser Fehlausbruch lediglich der erste Versuch sein könnte, und dass jederzeit ein Ausbruch in die Richtung des Trends kommen kann, der sehr wohl gelingt. Das Erreichen des Kursziels (das andere Ende des Ranges) ist also keineswegs garantiert. Halten Sie also immer das Gesamtbild vor Augen, wenn Sie Fakes traden.

Bild 2: FDAX, 4-Stunden-Chart, Heikin Ashi

In diesem Beispiel im **FDAX** sehen wir zunächst einen Fehlausbruch gegen den Trend (Pfeil unten). Das Ziel dieses Trades war das obere Ende der Range, das tatsächlich erreicht wurde. Der zweite Fehlausbruch fand in die Richtung des übergeordneten Trends statt (Pfeil oben). Das Ziel dieses Trades war die Unterstützungslinie unten. Dieses Ziel wurde nicht erreicht, und wir sehen, dass nach zwei weiteren Versuchen der echte Ausbruch nach oben schließlich (in der Richtung des übergeordneten Trends) gelang.

Der Trader muss sich also immer vor Augen führen, dass er zwar gegen den Trend handeln kann, die besseren Chancen aber fast immer mit dem Trend zu finden sind.

3. Wie trade ich Fakes?

Jede Trading-Strategie sollte über klare Regeln verfügen, und die Trade the Fake-Strategie macht hier keine Ausnahme. Wenn das Identifizieren von Fakes zu den fortgeschrittenen Strategien gehört, so wird der Trader auch hier mit Verlust-Trades konfrontiert werden wie überall sonst auch. Es ist von daher unerlässlich, dass Sie die Regeln des Risiko- und Money-Managements auch hier anwenden.

Vor allem sollten Sie Trades mit guten Chance-Risiko-Verhältnissen aufspüren. Ein CRV von 1:2 ist wohl das Minimum, das Sie erreichen sollten, besser wäre natürlich 1:3 oder noch höher. Ich habe hier unten einige wichtige Punkte zusammengefasst, die ich bei meiner Trade the Fake-Strategie beachte. Sie sind nicht in Stein gemeißelt und es gibt sicher Varianten, die ich nicht erwähnt habe. Dennoch sollten sie für den Einstieg in diese Strategie genügen. Mit zunehmender Erfahrung werden Sie selber in der Lage sein, auf Charts Fakes zu erkennen und eigene Setups zu entwickeln.

1. Suchen Sie Konsolidierungszonen im Chart. Sie erkennen diese, wenn sich der Preis in einem engen Range bewegt, also wenig Volatilität stattfindet.

2. Wenn möglich, versuchen Sie die Range mit Hilfe von Linien einzuzeichnen, sodass diese eindeutig sichtbar wird. Es müssen mindestens zwei Berührungen mit der Linie stattfinden, damit sie legitimiert ist. Je mehr Berührungen desto besser.

3. Versuchen Sie nicht den Ausbruch aus dieser Range zu traden, sondern warten Sie ab, ob der Ausbruch gelingt oder ob es sich um einen Fake handelt.

4. Haben Sie einen Fake identifiziert, eröffnen Sie nach Abschluss der Ausbruchskerze eine Position in die entgegengesetzte Richtung des Ausbruchs. Sollte der Schlusskurs dieser Kerze außerhalb der Range liegen, warten Sie die nächste(n) Kerzen ab, denn es könnte sich in dem Fall um einen gelungenen Ausbruch handeln.

5. Im letzten Fall, sollte der Markt aber relativ schleunig in die Range zurückkehren. Im 4-Stunden-Chart sollte dies nach 3-5 Kerzen spätestens geschehen. Wenn nicht, verzichten Sie eher darauf, zu handeln.

6. Kursziel für Short-Trades ist die Range-Unterstützung (untere Linie der Range). Kursziel für Long-trades ist der Range-Widerstand (obere Linie).

7. Den Stop sollten Sie immer etwas über dem Hoch der Fake-Kerze setzen (bei Ausbrüchen nach oben) und etwas unter der Fake-Kerze (bei Ausbrüchen nach unten).

8. Sie sollten mindestens ein Chance-Risiko-Verhältnis von 1:2 erreichen. Beträgt Ihr Stop-Abstand zum Beispiel 50 Pips, sollte Ihr Kursziel mindestens 100 Pips entfernt sein. Wenn nicht, würde ich auf den Trade verzichten.

Wichtig ist, dass Sie keinen explosionsartigen Ausbruch sehen, der vertikal nach oben einen Widerstand durchbricht (oder nach unten bei einer Unterstützung). Denn dann könnte es sein, dass sich das Marktsentiment tatsächlich geändert hat und der Ausbruch gelingt, oder gar der Startschuss für einen starken Trend wird.

Eher sollten Sie eine kleinere Bewegung beobachten, am besten mit einem Schatten unter der Kerze. Gut sind auch Dojis oder Spinning Tops direkt nach der Ausbruchskerze. Diese deuten ein zögerliches Verhalten nach dem Ausbruch an. Anders gesagt: es kommt kein Momentum auf, was darauf hinweisen könnte, dass Sie es mit einem Fake zu tun haben.

Bild 3: Dojis und Spinning Tops

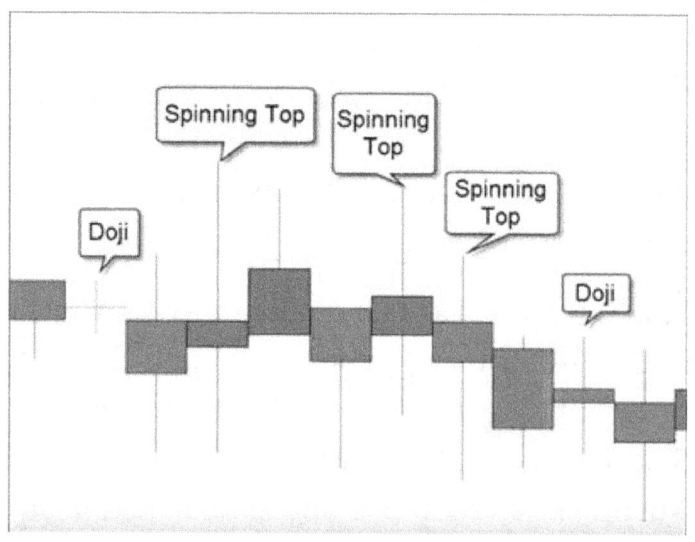

Gerade wenn die Nachrichtenlage dünn ist sollten Sie Breakouts skeptisch gegenüber stehen. Was könnte der Katalysator sein, wenn nicht gerade wichtige Nachrichten die Wahrnehmung eines Marktes bei den Akteuren verändert und somit einen neuen Trend ermöglicht. Fehlt ein solcher Katalysator, sollten Sie eher mit Fehl-Ausbrüchen rechnen.

Zusammenfassend können **folgende Kriterien** festgelegt werden:

- Es muss eine bedeutsame und verifizierbare Unterstützung oder Widerstand festgestellt werden (minimal zwei Berührungen)
- Ein Fehlausbruch oder Fake muss sämtliche Marktakteure auf den falschen Fuss erwischen.
- Die Unterstützung (oder der Widerstand) muss in möglichst kurze Zeit zurückerobert werden. Je kürzer desto besser.

Diese Kriterien sind einfach und klar. Dennoch werde ich in diesem Buch dieses Phänomen anhand mehrerer Beispiele illustrieren, damit Sie selbst in der Lage sind, diese beim Studium der Charts identifizieren zu können.

Ein wichtige Regel können wir aus dem Bild 1 allerdings schon festhalten: je schneller der Fake vonstattengeht (hier innerhalb einer 4-Stunden-Kerze) desto bedeutsamer könnte die anschließende Bewegung in die andere Richtung sein.

Das Beispiel im Bild 1 zeigt dies eindrücklich. Das Tief vom 29. Januar lag bei US$ 43,57. Wären Sie nach dem Fake an der Unterstützung bei US$ 44,20 Long gegangen und hätten eine Stop-loss-Order auf US$ 43,50 gesetzt, wären Sie ein Risiko von US$ 0,70 eingegangen. In der Spitze wären mit einer Long-Position bis zu US$ 10 Gewinn möglich gewesen.

Mit anderen Worten: Sie riskieren 70 Cents für einen möglichen Gewinn von 10 Dollar. Sie wären also einen Trade eingegangen mit einem Chance-Risiko-Verhältnis von 1:14. Das sind außergewöhnliche Chancen, und ich bin der Meinung, dass Sie beim Swingtrading versuchen sollten, genau solche außergewöhnlichen Chancen ausfindig zu machen. Denn das ist es, worum es beim Traden geht.

Bild 4: EUR/JPY, 4-Stunden-Chart

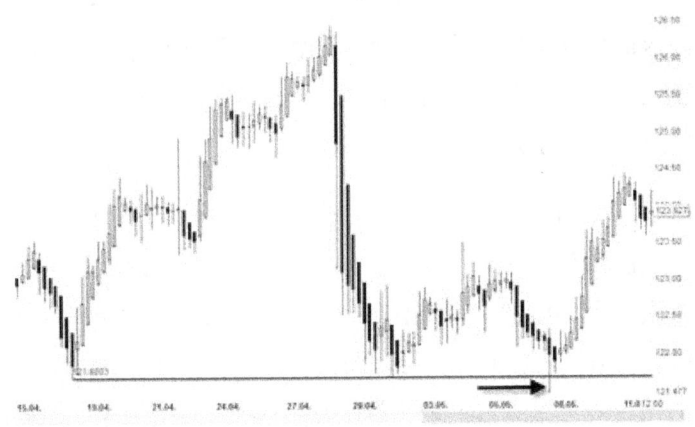

Ein ähnlicher Fall tat sich am 6. Mai 2016 im Währungspaar **EUR/JPY** vor. Hier durchbrach „der Markt" für kurze Zeit die Unterstützung bei 121,70 und schnellte kurz auf 121,47. Das sind nur 23 Pips, was zugegeben recht wenig war, aber auch hier sehen wir anschließend eine beträchtliche Rally von über 200 Pips in die entgegengesetzte Richtung.

In diesem Fall hätte ich nach Abschluss der Ausbruchs-Kerze bei ca. 122 gekauft und einen Stop bei 121,40 gesetzt, also etwas unter dem Tief des Fakes. Ich hätte also 60 Pips riskiert. Wie Sie sehen können, lief USD/JPY anschließend bis über 124. Sie riskieren also 60 Pips um 200 zu gewinnen und erzielen somit ein Chance-Risiko-Verhältnis von über 1:3.

Wenn Sie nach der klassischen Lehre die Unterstützung bei der zweiten Berührung gekauft hätten (Mitte des Charts) wäre Ihr Gewinn deutlich bescheidener ausgefallen. Es lohnt sich also meistens nach einem Fake Ausschau zu halten, um eine echte gute Chance zu bekommen.

Bild 5: E-Mini, 4-Stunden-Chart Heikin Ashi

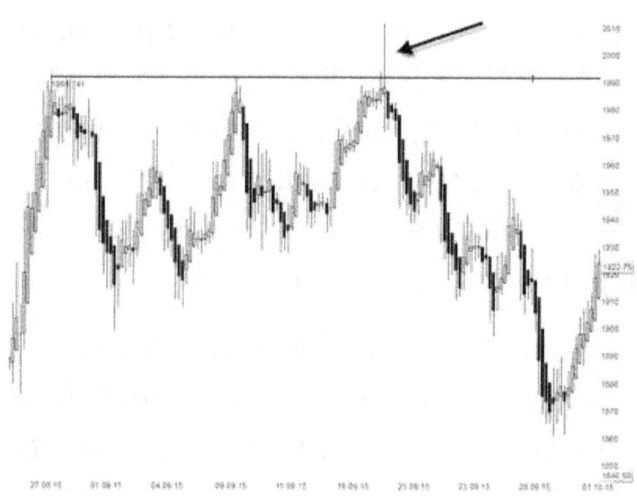

Was für Long-Positionen gilt, gilt natürlich auch für Short-Positionen, wie dieses Beispiel im **E-Mini SP-Future** anschaulich zeigt. In diesem Fall sehen wir, dass der Markt unterhalb des psychologisch wichtigen Levels von 2000 Punkten auf einen klaren Widerstand stößt, der bei 1992,75 lag (horizontale Linie oben). Dieses Level wurde drei Mal getestet, bis die „Bullen" am 17. September 2015 einen Angriff auf das 2000-Level starteten (Pfeil oben). Klar zu sehen ist, wie dieses Preisniveau tatsächlich für kurze Zeit erreicht und sogar überschritten wurde. Allerdings fielen die Kurse innerhalb wenigen Stunden wieder unter den Widerstand.

Diese Bewegung zeigt uns ein klares Scheitern der „Bullen". Wir wissen mittlerweile, dass es sich vermutlich um ein Täuschungsmanöver derjenigen Trader gehandelt hat, die vorher größere Verkaufsaufträge um die 2000er-Marke platziert hatten. Sie mussten nur darauf warten, dass „der Markt" dieses Level kurz besucht, damit Ihre Verkaufsorder ausgeführt werden konnten.

Dieser Fake im E-Mini erwies sich dann als hervorragende Short-Gelegenheit, der für mindestens 50 Punkte gut war. Abgesichert hätte ich die Position mit einem Stop auf 2001 Punkte, denn wenn der Markt dieses Level ein zweites Mal angelaufen hätte, wäre der Ausbruch nach oben möglicherweise gelungen gewesen.

10 Punkte riskieren um 50 zu gewinnen gehört auch zu den guten Trading-Gewohnheiten von Swingtradern. Dies entspricht ein Chance-Risiko-Verhältnis von 1:5. Sie sollten als Swingtrader versuchen, solche CRVs zu erreichen. Sie werden Ihre Profitabilität steigern und Sie bräuchten lediglich eine Trefferquote von 50 %, um ein sehr profitables Geschäft aufzubauen.

4. Fakes bei charttechnischen Mustern

Jetzt, wo wir das Grundmuster der Fakes kennen, können wir diese in unterschiedlichen Marktsituationen aufspüren. Sie treten bevorzugt an markanten charttechnischen Stellen auf, weil das Smart Money weiß, dass viele Kleinanleger hier nach Einstiegsmöglichkeiten suchen. Außerdem liegen natürlich viele Stop-loss-Order in der Nähe dieser Levels, und es ist, wie wir bereits gesehen haben, für das Smart Money ein Leichtes, diese Stops zu holen.

Lassen Sie sich nicht fangen und lernen Sie das Spiel des Smart Money zu durchschauen. Hin und wieder lassen sie sich in die Karten schauen und dann sollten Sie auch zugreifen. Dann können Sie auch als kleiner Fisch mit diesen Haien schwimmen gehen, und ich versichere Ihnen, die Beute wird sich lohnen!

A. Flaggen

Bild 5: USD/JPY, 4-Stunden-Chart

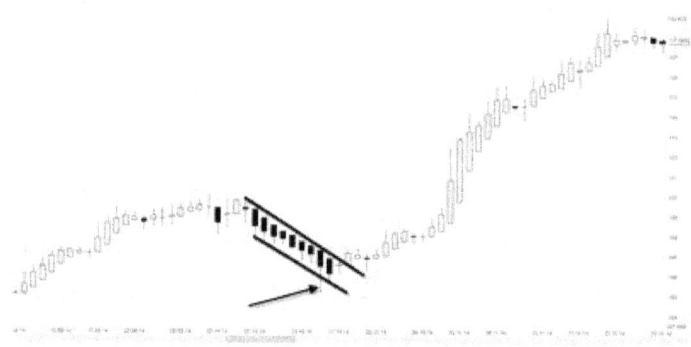

Auch in diesem Beispiel im **USD/JPY** (US-Dollar- Japanischer Yen) spielen manche Marktakteure Ihr Spiel mit der Erwartungshaltung der klassischen Technischen Analyse. Das Währungspaar USD/JPY befand sich in einem klaren Aufwärtstrend (weiße Kerzen links im Chart), der wie üblich von einer kurzen, deutlich identifizierbaren Konsolidierung unterbrochen wurde (schwarze Kerzen in der Mitte des Charts).

Diese Konsolidierungsphasen sind meist gegenläufige Bewegungen gegen den Trend, die in der Regel in der Richtung des Haupttrends aufgelöst werden. In diesem Fall spricht die Technische Analyse von einer **„bullishen Flagge"**, weil der vorangehende Aufwärtstrend wie die Fahnenstange aussieht und die gegenläufige Konsolidierung wie die Fahne. Natürlich gibt es genauso bearishe Flaggen.

Technische Analysten zeichnen dieses Muster gern mit zwei Trendlinien ein, weil diese kurze Konsolidierung oft in einem engen Trendkanal verläuft wie auch hier im USD/JPY. Die klassische Erwartung ist nun, dass dieser Trendkanal nach oben aufgelöst wird. Dies würde mit einem Bruch der oberen Trendkanallinie geschehen. Dies wäre dann das Kaufsignal für eine weitere Welle der Aufwärtsbewegung.

Wie wir aber sehen können, geschah aber erst genau das Gegenteil. Die untere Trendkanallinie wurde nach unten durchbrochen, was im Grunde ein

Verkaufssignal auslöste. Immerhin war dieser „Bruch" gut für etwa 100 Pips. Dieser Ausrutscher dürfte also manchem Trendfolger erwischt haben, der seinen Stop etwas zu eng am Markt gesetzt hätte.

Und auch in diesem Beispiel sehen wir aber, dass die „Verkäufer" bald das Feld räumen mussten für neue „Käufer", die den Ausrutscher auffingen und den Markt wieder innerhalb des kleinen Trendkanals kauften. Nach einer weiteren Konsolidierungskerze innerhalb des Kanals tauchte dann ein Doji auf, und die nächste Kerze war dann die erwartete Ausbruchskerze, die nach der klassischen Lehre das Kaufsignal auslöste.

Wer aber den Fake beobachtet hatte und somit die Intention derjenigen Akteure, die ihn inszeniert hatten, durchschaut, hätte bereits gekauft, sobald die Kurse sich wieder innerhalb des Kanals befanden. Der Fake-Trader weiß, dass nun sehr starke Hände (Smart Money) den USD/JPY jederzeit auffangen würden, sobald er die Unterkante des Kanals erreichen würde. Den schützenden Stop hätte man etwas unterhalb des unteren Schattens des Fakes platzieren können.

Auf dieser Weise könnte der gewiefte Swingtrader zu einem viel günstigeren Preis in den Markt kommen, als dies der Fall gewesen wäre, wenn er den Ausbruch abgewartet hätte. Er hätte ein viel besseres Chance-Risiko-Verhältnis erarbeitet als der Ausbruchstrader, der seinen Stop unterhalb des Kanals hätte platzieren müssen. Also auch hier hätte eine genaue Beobachtung des Geschehens zu einer smarteren Trading-Entscheidung geführt.

Bezüglich des Exits würde ich mich in solchen Trends klar an die Farbe der Heikin Ashi Charts halten. In diesem Fall wären mehr als 1000 Pips möglich gewesen, ein Monstergewinn in diesem Paar.

B. Dreiecke

Dreiecke gehören ebenfalls zu dem klassischen Instrumentarium des Technischen Analisten. In der Regel gehören sie zu den sogenannten Fortsetzungsmustern. Das heißt: Die Erwartung des Analysten ist, dass ein Ausbruch aus diesem geometrischen Muster in der Richtung des übergeordneten Trends stattfinden wird.

Bild 6: DAX-Index, 4-Stunden-Chart, Candlestick

Diese Abbildung des 4-Stunden-Chart des DAX verdeutlicht dies. Wir sehen, wie der

Index nach einem fallenden Trend in ein symmetrisches Dreieck hineinläuft. Dieses wird durch das Abnehmen der Volatilität gekennzeichnet. Anfangs ist die Volatilität noch groß, aber sie wird nach und nach geringer. Die Hochs werden tiefer und die Tiefs höher, wodurch das Muster möglich wurde. Der Technische Analyst, der das Muster erkennt, zeichnet es im Chart meist durch zwei aufeinander zulaufenden Linien.

In diesem Beispiel gab es zunächst sogar mehrere Fakes. Zwei Mal wurde versucht, die Widerstandslinie nach oben zu durchbrechen (Pfeile oben). Dies misslang zwei Mal. Ein Swingtrader hätte hier zwei Mal Short gehen können. Das Kursziel war jedes Mal die Unterstützungslinie des symmetrischen Dreiecks.

Nun ist es ja die Besonderheit eines symmetrischen Dreiecks, dass die Trading-Range, solange sie existiert, immer enger wird. Eine Entscheidung zwingt sich also in die eine oder andere Richtung auf.

Der dritte Ausbruchsversuch nach oben gelang dann sehr wohl, und zwar überzeugend. Wir sehen klare bullische Kerzen, die die Widerstandslinie ohne Gegenwehr verpulvern. Sie sollten sich einer solchen Demonstration der Kraft der Bullen von daher nicht entgegenstellen. Allein schon die Ausbruchskerze selbst umfasste die ganze Range. Wenn Sie das zögerliche Verhalten des Marktes vor dem Ausbruch anschauen, verstehen Sie, dass sich hier etwas Entscheidendes verändert. Die Kerzen werden auf einmal eindeutig ohne nennenswerte Schatten. Außerdem sind sie größer als die meisten der Vorangehenden.

Die Erwartung der Marktteilnehmer war aber, dass das symmetrische Dreieck als Fortsetzungsmuster nach unten aufgelöst werden würde. Dies geschah dann auch bei der vierten Berührung, aber „der Markt" unterschritt die Linie nur kurz. Erst danach startete die massive Aufwärtsbewegung, die den eigentlichen Ausbruch nach oben auslöste.

Der Fake nach unten bedeutete also den Startschuss für den Ausbruch nach oben. Auch dies ist ein klassisches Täuschungsmanöver, das Sie immer und immer wieder sehen werden in den heutigen Märkten. Es ist schon fast normal, dass es erst mal in die falsche Richtung geht, bevor dann die wahre Intention ersichtlich wird. Darum ist Fake-Trading in meinen Augen auch so ein spannendes und lohnendes Geschäft.

C. Trendkanäle

Bild 7: NZD/USD, 4-Stunden-Chart, Heikin Ashi

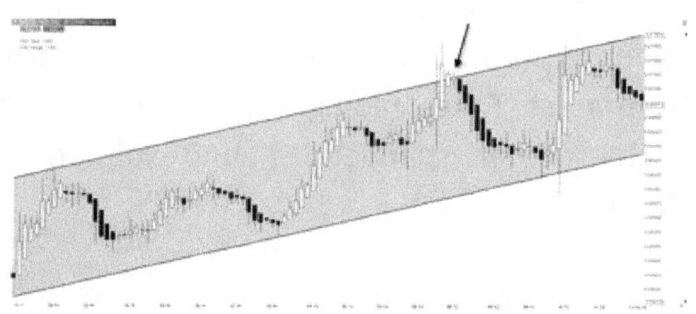

Trendkanäle sind ebenfalls Lieblingswerkzeuge der Technischen Analysten. Es sind sinnvolle und praktische Werkzeuge, die heute fast in allen guten Plattformen integriert sind. Das Prinzip ist einfach. Sobald der Analyst einen Trend identifiziert hat, sei es höhere Tiefs wie im Bild 6 kann er prüfen, ob eine parallele Trendlinie die Hochs des Trends miteinander verbinden kann.

In diesem Fall im Währungspaar **NZD/USD** (Neuseeländische Dollar - US-Dollar) war dies tatsächlich der Fall. Währungen bewegen sich im Übrigen gerne in solchen Trendkanälen. Jede Berührung, sei es mit der unteren Linie, oder Unterstützungs-Linie, oder mit der oberen Linie, oder Widerstands-Linie, bietet dem Trader Chancen für einen profitablen Trade. Kursziel ist dann in der Regel die nächste Berührung mit der gegenüberliegenden Linie.

Man braucht sich dann auch nicht zu wundern, dass Trader, die gerne Trendkanäle handeln, ihre Stops entweder über der oberen Linie liegen haben (bei Short-Positionen) oder unter der Unterstützungslinie (bei Long-Positionen). Da die großen Player dies wissen, inszenieren sie gern mal „einen Ausflug" über oder unter einer der beiden Linien, um zu sehen, wie viele Stop-Orders sie damit abfischen können.

Bevor sie dies tun, haben sie natürlich längst größere Orders platziert, die genau das

Gegenteil beabsichtigen. Schießen diese über das Ziel hinaus, wie in diesem Beispiel, treiben sie die Kurse so weit nach oben, bis ihre Short-Orders über der Widerstandslinie ausgeführt werden. Die Kurse kommen unter dem Druck der Verkaufsorders zurück und landen wieder innerhalb des Kanals. Gewiefte Scalper riechen den Braten und springen auf den fallenden Zug, der den Trend noch beschleunigt.

Der fortgeschrittene Weg, Trendkanäle zu handeln, wäre also nicht wie im klassischen Sinne, die nächste Berührung zu traden, sondern abzuwarten, ob nicht irgendein Fake auftaucht, der eine viel stärkere Sprungfeder in die andere Richtung darstellt, als es die klassische Berührung sein kann. Wenn Ausbruchstrader auf den Fake hereingefallen sind (wie in diesem Fall oben Long gegangen wären) werden sie es sich zwei Mal überlegen, ob sie nochmal Long gehen, nachdem das Smart Money sie aus dem Markt gedrängt hat.

Warten Sie also lieber, bis die Stops abgefischt wurden und die Breakout-Trader auf den falschen Fuß erwischt worden sind, um eine Position innerhalb eines Trendkanals einzugehen. Sie haben auf dieser Weise eine viele stärkere Bestätigung der Abweisung. Außerdem traden Sie in die gleiche Richtung des Smart Money, dass jetzt die Kurse wieder in Richtung der anderen Kanal-Linie treiben möchte.

Interessant in dem obigen Beispiel im Bild 7 ist, dass der Heikin Ashi Chart, nachdem der Ausbruch „misslungen" ist, ein Doji zeichnet (Pfeil oben), dessen Schlusskurs exakt unter der Unterstützungslinie lag. Es ist den „Käufern" sozusagen nicht gelungen, die Kurse außerhalb des Kanals zu halten. In dem Fall läge nach Beendigung der Doji- 4-Stunden-Kerze eine Short-Position nahe.

Wer also bei dem Eröffnungskurs der nächsten Kerze Short ging (bei 0,6733) konnte eine Stop-loss-Order etwas über dem High des Fakes setzen (bei 0,6790). Er hätte also pro gehandelter Lot ein Risiko von 57

Pips. Kursziel war dann die Unterkante des Kanals, was zu der Zeit in etwa ein Level der runden Zahl von 0,6600 ausmachte. Der Trader riskiert also 57 Pips um 133 zu gewinnen. Dies entspricht ein Chance-Risiko-Verhältnis von 1:2,33. Dieses CRV ist zwar bedeutend geringer als in den vorherigen Beispielen, Fakes sind bei Trendkanälen aber ausgezeichnete Trading-Chancen, die ein hohes Mass an Gewinnwahrscheinlichkeit haben.

5. Cross-Rates traden

Bild 8: CAD/JPY, Tageschart, Heikin Ashi

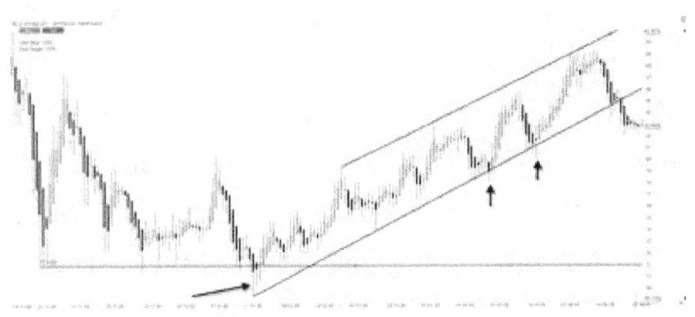

Es kann durchaus Sinn ergeben mal über den Tellerrand zu schauen und Märkte zu handeln, die nicht im Fokus der internationalen Trader-Community stehen. Es gibt genügend interessante Märkte, von denen Sie in der Regel in der Presse und auch im Internet nichts oder fast nichts hören. Da sie weniger Beobachtung finden, werden Sie hier in der Regel auch weniger „Konkurrenz" erfahren.

Oft bedeutet dies, dass die Trends besser sind und die Regeln der Technischen Analyse auch besser funktionieren. Aber täuschen Sie sich nicht: auch hier, oder vielleicht gerade hier, sind große Adressen unterwegs, wie das obige Beispiel des CAD/JPY (Kanadischer Dollar – Japanischer Yen) anschaulich zeigt.

Wenn ich bei den Währungen die sogenannten Cross-Rates trade (Währungspaare, bei denen der US-Dollar nicht eine der Währungen ist), schaue ich als Swingtrader gern auf den Tageschart. Dieser gibt mir eine Langzeit-Perspektive oft über mehrere Jahre. Ich kann sehen, wie die großen Player diese Währungen handeln. Hier finden oft gewaltige Trends statt, die Jahre andauern können.

Es lohnt also durchaus, sich mit diesen Märkten zu beschäftigen. Ich mache dies gerne an Wochenenden, meist an Sonntagen. Dann bin ich nicht im Tagesgeschäft involviert und die zwei Tage Abstinenz von der Börse verschaffen mir die nötige Distanz um Dinge zu sehen, die ich unter der Woche übersehe.

Wenn wir dieses Beispiel im CAD/JPY etwas genauer betrachten, sehen wir auch hier wieder einen klassischen Fehlausbruch nach unten, nachdem das Paar bei 71 eine Unterstützung gefunden hatte (untere horizontale Linie). Der Bruch dieser Unterstützung dauerte nur zwei Tage.

Die langen Schatten unter den beiden schwarzen Heikin Ashi-Kerzen deuten darauf hin, dass Käufer diesen Markt wieder auffingen (wir kennen diese Käufer inzwischen). Der weitere Verlauf des Charts zeigt anschaulich, dass dieser Fake exakt der Startschuss für den Aufwärtstrend war, der darauf folgte. Das, was Sie sehen (Ausbruch nach unten, Pfeil), ist also exakt das Gegenteil, von dem, was wirklich beabsichtigt war.

Nachdem sich das Smart Money günstig mit CAD/JPY-Lots eingedeckt hatte, begannen sie das Paar Tag für Tag nach oben zu traden. Es gab dann sogar noch zwei gute Möglichkeiten für Fake-Trader, um günstig in den Markt zu kommen (zwei Pfeile rechts). Auch hier halfen die Big Player fleißig mit, den Kurs innerhalb des Trendkanals zu halten.

6. Komplexere Muster

Bild 9: EUR/JPY Tageschart

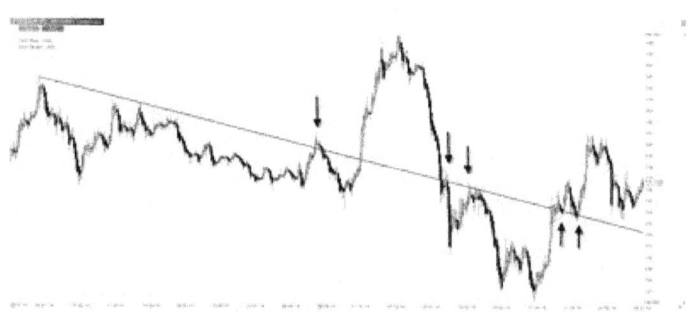

Auf Bild 9 sehen Sie die Heikin Ashi-Darstellung des Tagescharts des **EUR/JPY**. Der Ausschnitt umfasst die Periode Dezember 2013 bis August 2015. Geübte Technische Analisten erkennen sie relativ schnell auf einem Chart: Gemeint ist die innere oder interne Trendlinie, die oft einen Rollentausch zwischen Unterstützung und Widerstand zeigt. Von Dezember 2013 bis November 2014 fungierte die Linie klar als Widerstand. Es gelang den Bullen nie, diese

Linie zu überwinden. Einmal gelang es ihnen doch am 19.09.2014. Aber dieser Ausbruch erwies sich als Fake (erster Pfeil links).

Zwischen November 2014 und Januar 2015 gelang dem Paar dann doch ein signifikanter Ausbruch über der Widerstandslinie. Dennoch kehrte es zu der Linie zurück und fiel wieder unter ihr. Erstaunlicherweise hatte die Linie nach diesem Ausflug weiter Bestand und fungierte mehrmals als weiterer Widerstand. Nach zwei weiteren Fakes (Pfeile 2 und 3) fiel das Paar weiter zurück, bis es endlich am 3. Mai 2015 die Widerstandslinie erneut überwand, diesmal erfolgreich.

Denn ab dem Datum drehte sich die Funktion der Linie um. Sie wurde nun für die weitere Zeit Unterstützung. Auch hier sehen wir zwei Fakes, die sehr gut gehandelt werden konnten.

Bild 10: EUR/JPY, Tageschart Heikin Ashi, April 2015 – Juni 2016

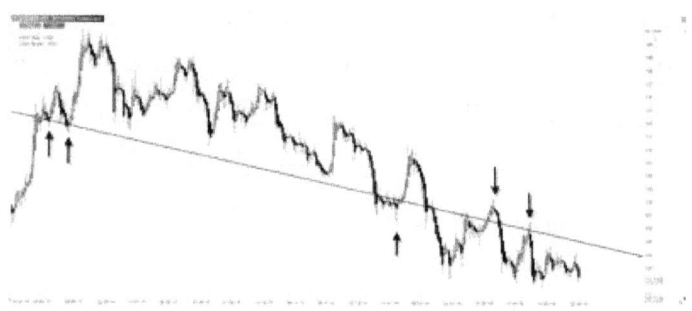

Auf Bild 10 sehen Sie den zweiten Teil dieses Charts. Das Unglaubliche ist, dass die interne Trendlinie seit Dezember 2013 nach wie vor ihre Gültigkeit hatte. Das Währungspaar EUR/JPY oszilliert nach wie vor um sie herum. Mal fungiert sie als Unterstützung, mal als Widerstand. Bis zum Zeitpunkt des Screenshots (2. Juni 2016) hatte die Linie ihre Gültigkeit erhalten. Es ist somit mit weiteren Berührungen und Fakes zu rechnen.

Natürlich sind Trendlinien oder interne Trendlinien mit einer Dauer von über zwei Jahren eher selten, aber sie existieren. Diese hier vorgestellte interne Trendlinie zeigt den flachen Abwärtstrend im EUR/JPY seit zweieinhalb Jahren.

Mit etwas Übung werden Sie ähnliche interne Trendlinien auch auf anderen Charts erkennen können. Sie sind allein deshalb so interessant, weil sich die Marktakteure über längere Zeiträume an sie zu halten scheinen. Oft sind die Berührungen peinlich exakt, aber oft inszeniert das Smart Money gern einen Fake an dieser Stelle. Diese sind dann meist ausgezeichnete Trading-Chancen.

Glossar:

Bullishe Flagge: Kurzfristig gegenläufige Bewegung entgegen dem Haupttrend.

Candlestick: Darstellungsform von Kursveränderungen auf Basis einer japanischen Analysetechnik

Chance-Risiko-Verhältnis: Verhältnis zwischen dem Risiko eines Trades und dessen potentiellen Gewinn

Crossrates: Währungspaare, bei denen der US Dollar nicht eine der beiden Währungen ist

Doji: Candlestickformation bei der Eröffnungs- und Schlusskurs auf gleicher Höhe liegen.

E-Mini-Future: Future-Kontrakt auf den amerikanischen Index SP500

Forex: Forex Exchange Market, internationaler Devisenmarkt

Fortsetzungsformation: Pause im Haupttrend, bei dessen Abschluss die vorherige Richtung wieder aufgenommen wird

Hammer: Umkehrkerze in der Candlestick-Darstellung. Die Kerze hat einen kleinen Körper mit einem langen Schatten nach unten.

Heikin Ashi Chart: Japanisch für „auf einem Fuß balancieren". Japanische Darstellungsform von Kursveränderungen.

Interne Trendlinie: Eine Trendlinie, deren Funktion von Widerstand bis zur Unterstützung wechselt.

Leerverkauf: Trading-Position, bei der der Trader auf das Fallen eines Marktes setzt.

Long gehen: Long zu sein heißt, Wertpapierbestände gekauft und damit im Besitz zu haben.

Momentum: Das Momentum informiert den Anleger über das Tempo und die Stärke einer Kursbewegung.

Moneymanagement: Als Moneymanagement bezeichnet man eine Wertsicherungsstrategie, die darauf abzielt, das Risiko eines Wertpapier-Portfolios durch Größenfestlegung der einzelnen Handelspositionen zu steuern.

Pip: Englisch: percentage in point, kleinste Änderung im Preis im Devisenhandel.

Range: Seitwärtsphase eines Marktes

Risikomanagement: Umfasst sämtliche Maßnahmen zur systematischen Erkennung, Analyse, Bewertung, Überwachung und Kontrolle von Risiken.

Scalping: Trading-Technik, bei der der Trader versucht minimale Bewegungen im Markt zu handeln

Short gehen: Ein Trader ist Short, wenn er eine Position verkauft, ohne sie zu besitzen (Leerverkauf).

Short-Signal: Trading-Signal, das einen Leerverkauf nahelegt

Sell-Stop-Order: Automatische Verkaufsorder, die ausgelöst wird, sobald der Markt dieses Preisniveau erreicht.

Spinning Top: Chartmuster mit kleinem Körper und langen Schatten.

Stop-Fishing: Kurzfristige Scheinbewegung von größeren Marktakteuren, um die Stops der Kleinanleger auszulösen.

Stop-Loss-Order: Verkaufsauftrag, der ausgeführt wird, sobald ein bestimmter Kurs erreicht wird.

Trend following: Trading-Strategie, die auf das Folgen eines einmal identifizierten Trends setzt.

Unterstützung: Preisniveau, an dem vermehrt Käufer auftauchen.

Volatilität: Standardabweichung. Gibt an, wie stark ein Kurs schwankt.

Widerstand: Preisniveau, an dem vermehrt Verkäufer auftauchen.

Zinsentscheid: Beschreibt ein Ereignis, an dem Zentralbanken die Entscheidung über den weiteren Verlauf von Leitzinsen bekannt geben.

Weitere Bücher von Heikin Ashi Trader

Wie scalpe ich den Mini-DAX-Future?

Dank der Einführung des Mini-DAX-Futures (Kürzel: FDXM) bekommen Privatanleger mit kleineren Konten nun auch die Möglichkeit den deutschen Index DAX zu professionellen Konditionen zu scalpen. Im Gegensatz zu den meisten anderen Trading-Instrumenten sind Futures die transparenteste und günstigste Möglichkeit in den Finanzmärkten Geld zu verdienen.

Scalper haben unendlich viel mehr Trading-Gelegenheiten als Positionstrader oder Daytrader, was die eigentliche Stärke dieses Trading-Stiles ausmacht. Ein Scalper kann sein Kapital von daher viel effektiver verwalten als alle anderen Marktteilnehmer und ist somit in der Lage eine viel größere Rendite zu erwirtschaften als es sonst der Fall wäre.

Der Heikin Ashi Trader zeigt in diesem Buch wie man diesen neuen Future auf den DAX erfolgreich scalpen kann. Sie lernen, wie Sie in den Markt einsteigen, wie Sie Ihre Positionen managen und an welcher Stelle Sie wieder aussteigen sollten. Ausserdem enthält das Buch eine Fülle an Tipps und Tools, um das eigene Trading noch effektiver und präziser zu gestalten.

Inhaltsverzeichnis

Über den Autor

Heikin Ashi Trader ist das Pseudonym eines Traders, der mehr als 15 Jahren Erfahrung in Daytrading mit Futures und Devisen hat. Er ist spezialisiert in Scalping und schnelles Daytrading. Er hat mehrere Bücher über Trading veröffentlicht, die sich gegenseitig erklären.

Impressum

Texte: © Copyright by Heikin Ashi Trader

Swiss Post Box 106287

Zürcher Strasse 161

CH-8010 Zürich

Schweiz